PAROLES

PRONONCÉES

AUX

OBSÈQUES

DE

M. LE VICOMTE DE FAYET

BEAUVAIS

Typographie de D. PÈRE, Imprimeur de l'Évêché, rue Saint-Jean.

—

1879

PAROLES

DE

MONSEIGNEUR OBRÉ

ÉVÊQUE DE ZOARA

AUX

OBSÈQUES

DE

MONSIEUR GUSTAVE-PIERRE

Vᵗᵉ DE FAYET

Lieutenant-Colonel d'État-Major,

11 OCTOBRE 1879.

BEAUVAIS

TYPOGRAPHIE DE D. PÉRÉ, IMPRIMEUR DE L'ÉVÊCHÉ,

RUE SAINT-JEAN.

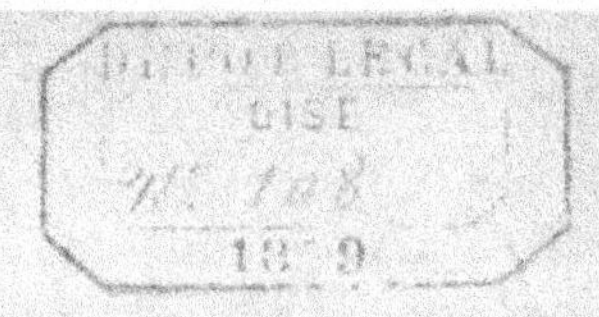

PAROLES

PRONONCÉES

AUX

OBSÈQUES

DE

M. LE VICOMTE DE FAYET

Consummatus in brevi explevit tempora multa.
Sa vie a été courte, mais elle a été bien remplie.
(SAPIEN. IV. 13.)

Tel est, mes Frères, le texte de la Sainte-Ecriture
qui s'est présenté tout d'abord à mon esprit,
lorsque j'ai reçu l'invitation de venir présider cette
triste et douloureuse cérémonie. La première partie
de ce texte ne s'applique pas peut-être, avec une
justesse rigoureuse, à l'âge où vient de mourir le

vicomte de Fayet. Une vie de 50 ans n'est pas, semble-t-il, une vie si courte. Pour un homme de guerre, la mort a des brusqueries si violentes, des coups si redoutables et si imprévus que celui qui a vécu 50 ans ne saurait être considéré comme ayant été mal partagé par la divine Providence.

Et pourtant, je crois devoir maintenir l'application au défunt des premiers mots qui viennent d'être cités, convaincu que personne ici ne contredira ma pensée.

Ce n'est pas vous, Messieurs, vous ses frères d'armes qui la contredirez. A vos yeux comme aux miens, la vie de votre bon et excellent camarade a été trop courte. Vous regrettez vivement, pour votre part, que la mort, en l'arrêtant sur son chemin, vous ait privé de sa loyale amitié et l'ait empêché de continuer à monter vers les sommets de la hiérarchie militaire où son mérite lui assurait une place brillante. Pour vous tout particulièrement, il est parti trop tôt : *consummatus in brevi...*

Ce n'est pas vous surtout, vous ses parents, ses proches, ses amis qui direz que sa vie a été assez longue. Ah ! vous souffrez, vous gémissez d'avoir vu se rompre, avant l'heure marquée par vos désirs, les liens étroits qui vous attachaient à lui.

Votre cœur s'émotionne à l'aspect de ce cercueil, et votre douleur s'accroît de la douleur de son vénéré père et de sa digne mère, dont cette mort menace d'accabler la vieillesse. Dans votre affliction, vous dites avec nous : c'est trop tôt, beaucoup trop tôt finir, *consummatus in brevi*...

Et sa chère et digne épouse, comment traduit-elle ce *consummatus in brevi?*... Elle n'est pas là, mais je crois voir couler ses larmes ; mais je crois l'entendre s'écrier, avec l'accent d'un cœur brisé : c'est trop tôt, c'est trop court pour sa femme et ses enfants ! Notre union était si douce ! Et voilà qu'elle est rompue, après douze ans seulement, à l'anniversaire, jour pour jour, du moment où elle s'était formée au pied des autels ! Nous avions espéré vivre ensemble une longue vie ! Nous comptions travailler longtemps ensemble au bonheur de nos chers enfants ; et me voilà seule pour les élever ; seule pour les diriger dans les voies que la Providence pourra leur ouvrir ; seule pour les rendre dignes de Dieu et de leurs familles ! Hélas ! hélas ! Le mot cité n'est que trop vrai et trop poignant : C'est trop tôt, c'est trop court, *consummatus in brevi*...

Mais si cette parole trouve un écho fidèle dans le cœur de tous, si cette assistance, si nombreuse et si sympathique, s'associe à nous pour déplorer la fin prématurée du vicomte de Fayet, la manière honorable et édifiante dont cet homme de bien a fourni sa carrière ne saurait manquer de tempérer et de consoler la douleur commune. Comme soldat et comme chrétien, il a rempli dignement ses jours, et nous pouvons affirmer bien haut que son existence, si courte qu'elle ait été au gré de nos vœux, a eu tout le mérite d'une longue durée : *explevit tempora multa*.

Disons d'abord quelques mots du soldat. Mieux que moi, sans doute, ses compagnons d'armes pourraient raconter la vie militaire de Gustave de Fayet et redire avec quelle intelligence et quel dévouement il s'est acquitté des devoirs de son noble métier. Mais, dans la circonstance présente, je ne saurais moi-même laisser complètement dans l'oubli ce côté si important de l'existence du défunt. J'en parlerai donc un instant, me bornant à une esquisse rapide qui n'aura qu'un but, celui de montrer qu'il n'a point marchandé les services qu'il devait à son pays, et que la foi n'a pas affaibli en lui l'ardeur et l'activité du courage.

Elève de l'école de Saint-Cyr, il en sortit, à 20 ans, par la porte d'honneur, suivant d'aussi près que possible les dix premiers , c'est-à-dire les jeunes hommes auxquels leurs talents et leurs succès promettent un grand et bel avenir.

A l'école d'Etat-Major, il se concilia immédiatement l'affection de ses camarades par son urbanité, sa droiture, ses procédés bienveillants ; et il sut mériter en même temps l'approbation et l'estime de ses chefs par une application et une régularité de conduite qui ne se démentirent pas un instant. Aussi obtint-il d'emblée le grade de lieutenant d'Etat-Major à l'expiration des deux années que les jeunes officiers consacrent aux études spéciales de cette école supérieure.

Nommé capitaine deux ans après , il fit la campagne d'Italie , en qualité d'aide-de-camp d'un général distingué , et paya de sa personne, dans toutes les positions plus ou moins difficiles où il se trouva engagé. L'amour du devoir et l'honneur de son pays, dont il s'inspirait constamment, lui donnaient la force et le courage de concourir avec un zèle toujours exemplaire à l'exécution des ordres qu'il avait à transmettre.

Ses services, appréciés comme ils devaient l'être par le Ministre de la guerre, lui valurent la faveur, précieuse pour un officier, de faire la campagne du Mexique, à l'état-major du général en chef.

En 1870, pendant la malheureuse campagne de France, il servait comme aide-de-camp sous les ordres d'un général dont l'histoire conservera le nom et publiera le mérite éminent, du général Douay. Mais il eut alors, hélas ! la douleur d'être témoin, sur place, de nos affreux désastres ; et comme ce soldat gentilhomme portait dans ses veines un sang tout français, dans son cœur un ardent amour pour sa Patrie, il souffrit cruellement des revers et des humiliations qu'il eut à contempler. Serait-il téméraire d'attribuer aux profonds chagrins qu'il éprouva, à cette époque néfaste, le principe et le germe du mal funeste qui a préparé, de loin, la catastrophe qui nous attriste si vivement aujourd'hui ? Vous ne le penserez pas non plus que moi, et vous ne cesserez de déplorer une guerre qui a été si fatale à la France et à ses enfants les plus dévoués.

Au surplus, la blessure qu'il avait reçue au cœur devait s'aggraver encore au siège de Paris. Ce lui fut une nouvelle et amère douleur d'avoir à combattre, non plus les ennemis du dehors, mais des compatriotes égarés qui, pour le triomphe de

théories anti-sociales, rêvées par des sectaires
audacieux, déchirèrent le cœur de la France, incen
dièrent les plus beaux monuments de la capitale
et y firent couler le sang le plus pur.

Ces violentes secousses éprouvées successivement
et à si peu d'intervalle ne contribuèrent que trop
à ébranler la constitution du vicomte de Fayet. La
délicatesse de son organisition ne l'avait jamais
empêché sans doute d'être fidèle à tous les rendez
vous que la conscience et l'honneur lui assignaient.
En toute circonstance, il avait su montrer qu'une
âme virile est maîtresse du corps qu'elle anime. Ce
corps il le menait rudement; disons plus, il le
surmenait, et ses chefs et ses meilleurs amis
n'avaient qu'un reproche à faire au courageux
officier, c'était de ne pas savoir ménager sa santé.
Mais un moment allait venir où la nature serait
forcée de plier et se refuserait absolument aux élans
de sa volonté. Une crise redoutable se déclara et
menaça de l'emporter. S'il n'a pas succombé sur
le coup, c'est sans doute parce que Dieu réservait à
sa famille et à tous ceux qui s'intéressèrent à sa
situation l'exemple touchant de sa foi et de sa
patience. A la vaillance du soldat qui avait déja
conquis les plus beaux grades et les nombreuses

décorations que l'on a vu briller sur sa poitrine, s'associait en effet une autre sorte de vaillance, la vaillance qui conquiert les palmes de l'immortalité bienheureuse.

Et c'est là le tableau touchant que nous aurons à mettre sous vos yeux, en parcourant les phases les plus saillantes de sa vie. Vous saisirez mieux alors la haute signification des paroles que nous avons prononcées au début de cette allocution : *exegit tempora multa*, sa vie a été grandement et dignement remplie. C'est-à-dire, mes Frères, que nous aurons le bonheur de constater ensemble, qu'aux belles et grandes qualités du militaire, M. de Fayet joignit les solides vertus du chrétien.

Gustave de Fayet avait eu le bonheur inappréciable de naître dans le sein d'une famille éminemment chrétienne ; et il y avait puisé la foi simple et forte qui est le premier aliment, l'aliment substantiel des âmes. Dès son plus bas âge, sur les genoux de sa mère, il fit le doux apprentissage de la piété ; et les leçons qu'il entendit et les exemples dont il fut témoin formèrent en lui les sentiments profondément religieux qui devaient l'animer et le soutenir toute sa vie.

Arrivé à l'âge de la première communion, il fut préparé à cette grande action avec la sollicitude la plus attentive et la plus éclairée. La pieuse vigilance de ses parents et spécialement de sa mère s'unit au zèle sacerdotal pour cette préparation, et rien ne lui manqua de ce que la religion et le cœur purent inspirer de meilleur, pour rendre la demeure de son âme aussi digne que possible de l'hôte divin qui devait la visiter. Aussi porta-t-il à la table sainte, avec la pureté des mœurs, la foi la plus vive et les adorations les plus tendres.

Quel fut pour les jeunes communiants qui l'accompagnèrent le souvenir commémoratif de la belle et sainte journée, ce qu'on appelle vulgairement le *cachet* de la première communion? Je n'en sais rien; mais quant à lui, il reçut l'image du Dieu qui venait de se communiquer à son âme et de réjouir sa jeunesse, un crucifix! Ce présent, c'était sous sa forme la plus expressive, le mémorial de la charité divine; c'était aussi une invitation éloquente au dévouement, aux sacrifices généreux, à la résignation courageuse. Le pieux communiant comprit ces graves pensées, et ce crucifix devint pour lui un objet sacré entre tous. Il le conserva avec plus de soin que d'autres les plus précieux joyaux. Il ne s'en dessaisit qu'au jour de son mariage, pour le déposer entre les mains de son épouse qu'il associait ainsi à ses sentiments les plus élevés. Il se réserva toutefois de le reprendre, afin de fortifier son cœur au milieu des occasions périlleuses auxquelles son état l'exposait. Plus tard, j'ai hâte de le dire de suite, il tiendra à l'avoir près de lui, afin de s'aider à faire le sacrifice suprême. Plus tard, quand viendront les défaillances qui lui annonceront l'heure finale, il le fera attacher près de son chevet, sous ses yeux. Il voudra faire sa dernière communion comme il a fait la première, mourir sous la protection du signe adoré qui aura reçu ses plus confiantes prières.

Gustave de Fayet avait été placé, après sa première communion, dans une excellente maison d'éducation que dirigeait, dans la capitale, un prêtre dévoué dont le nom est resté cher à tous ses élèves, M. l'abbé Poiloup. Il trouva dans cet établissement ce qu'il avait laissé dans sa famille, la Religion et ses saintes pratiques en grand honneur. Grâce à Dieu, l'on n'avait pas alors, surtout dans la maison dont il s'agit, la malheureuse pensée d'élever l'enfance en dehors de tout enseignement religieux. L'on croyait avec tous les hommes sensés,

avec les sages de tous les siècles, que la Religion,
qui est le principe générateur des véritables vertus
et la sauvegarde assurée de la dignité humaine et
du bonheur de la vie, était l'élément indispen-
sable de l'éducation. L'on eût considéré comme
une utopie criminelle et absurde tout système qui,
dans un pays chrétien, aurait eu pour but de tenir
le christianisme à l'écart et de priver des enfants
baptisés et élevés dans la foi, de l'influence mater-
nelle de leur religion. Chez M. l'abbé Poiloup, tout
parlait aux élèves de Dieu et de Jésus-Christ, son
divin Fils. La Religion y était enseignée, aimée,
pratiquée. L'air y était comme embaumé de ses
pures et salutaires doctrines, et c'est en respirant
cet air fortifiant que Gustave de Fayet grandit dans
la connaissance et la pratique de tous ses devoirs.
Il y trouva l'énergie dont il avait besoin pour répri-
mer et dominer les saillies d'un caractère ardent.
S'il se distingua parmi ses condisciples par ses
talents et ses succès littéraires, il se distingua bien
plus encore par la conduite et les qualités morales
qui présagent et annoncent un attachement fidèle à
la Religion et à l'Eglise.

Et, en effet, sa fidélité aux principes sacrés de
son éducation ne varia jamais. Les sentiments du

jeune écolier passèrent, sans rien perdre de leur vivacité, dans le cœur du jeune homme et de l'homme mûr. Il conserva toujours au fond de l'âme une foi solide que les sophismes de l'incrédulité n'ont pu ébranler. Et la foi, chez lui, n'était pas une croyance purement spéculative, ne vivant que dans l'esprit, ne descendant pas dans le cœur pour en diriger les mouvements. Ses convictions étaient la règle de sa conduite. Conséquent avec lui-même, il pratiquait sa religion sans fausse honte et sans respect humain. Le chrétien non plus que le soldat ne cachait son drapeau. Il aurait regardé comme une indignité de mettre sa conscience à la remorque de l'opinion. Il n'affichait pas inutilement ses principes et ses sentiments, mais il n'hésitait pas à les manifester quand il y avait lieu de le faire. Aussi personne autour de lui n'ignorait ce qu'il pensait et ce qu'il était. On le considérait et on le désignait comme un fils de la sainte Église, comme un vrai catholique.

Il avait eu le soin, d'ailleurs, de donner à ses principes ainsi qu'à toute sa conduite le caractère de haute raison, le *rationabile obsequium* que le grand apôtre recommandait à ses disciples. Sa croyance était éclairée. Il avait étudié nos plus célèbres apologistes. Il les lisait encore sur son lit de douleur, et le dernier livre qui tomba de ses mains défaillantes était la *Philosophie fondamentale de Balmès*, de ce beau génie qui, mort trop tôt, lui aussi, avait défendu avec tant de force et tant d'éclat la Religion dont il était le ministre.

Vous ne vous étonnerez donc pas, mes Frères, que M. de Fayet, ce bon et loyal chrétien, ait envisagé la mort avec calme et qu'il l'ait rendue précieuse devant Dieu et consolante pour les siens, par l'accomplissement fidèle de tous les saints devoirs. Il avait fait la communion pascale, à Paris, dans sa paroisse, traînant de son mieux son corps déjà bien affaibli au rendez-vous de la foi et de la piété. Plusieurs fois, depuis cette époque, il reçut encore les sacrements, s'adressant simplement au bon Curé du village et donnant ainsi un exemple instructif à tous les habitants de cette paroisse.

La fin approchait, mais avant de quitter la terre, le malade rassembla ses forces, pour témoigner à ses enfants son affection paternelle, et il les bénit à la manière des Patriarches, avec un regard attendri et le sourire sur les lèvres. Quelle fut la part de son épouse dans les entretiens de l'heure suprême? Je l'ignore. Il y a dans la vie intime de deux époux, lorsque leur union affectueuse est sur le point de se briser sous le toit conjugal, de ces secrets que la pensée peut bien deviner, mais qui doivent rester sous le voile de la discrétion et du silence. Une veuve, qui a été chrétiennement affectionnée, aime toujours à se les rappeler, pour entretenir autant que pour consoler le chagrin de la séparation; elle les conserve fidèlement dans les profondeurs de son cœur; mais elle se fera scrupule de les dévoiler dans des confidences inutiles, où souvent ils seraient incompris.

Le mourant avait reçu le sacrement que le Seigneur Jésus a institué pour soutenir et fortifier l'âme dans le dernier combat, le sacrement de l'extrême-onction. Deux jours après, sur le point d'expirer, il voulut recevoir le viatique adorable qui devait le conduire aux portes de l'éternité; et c'est dans le recueillement de cette sainte action, en se munissant à plusieurs reprises du signe de la croix, en ayant sur la poitrine la médaille miraculeuse de la Reine du Ciel, qu'il rendit son âme à son Créateur. Il mourut ainsi sous la puissante tutelle de la très-sainte Vierge et dans l'étroit embrassement de son Dieu.

Et maintenant, mes Frères, que nous allons déposer dans la terre les restes du défunt, souffrez que je vous le demande, quelles pensées emporterez-vous de cette triste et solennelle cérémonie? Ah ! je n'ai guère besoin de vous les suggérer. Vos plus simples réflexions les ont mises dans votre esprit et dans votre cœur. Vous vous êtes dit à vous-mêmes :

Il n'est ni sage ni prudent de compter sur une longue vie ; Dieu ne l'a promise à personne. C'est folie surtout de vivre comme si l'on ne devait pas mourir, car un jour viendra, et ce jour est peut-être bien proche, où il en sera de nous ce qu'il en est présentement du Vicomte de Fayet. Du fond de sa bière, de dessous le drap mortuaire qui la couvre, il dit à chacun de nous : *hodie mihi, cras tibi;* aujourd'hui c'est moi, demain ce sera vous. Aujourd'hui, c'est moi dont l'existence est trouvée courte, *hodie mihi;* demain, ce sera vous, vieillard, ou même peut-être vous, jeune homme, peut-être vous, jeune enfant, *cras tibi.*

Donc, et c'est la conséquence pratique et seule raisonnable qu'il faut tirer de la brièveté de la vie et de la certitude de la mort, donc ce qui importe le plus, ce qui importe souverainement à l'homme, c'est de ne pas laisser son cœur se coller à la terre et à ses biens périssables ; c'est d'élever ses pensées et ses espérances plus haut ; c'est d'aspirer à l'immortalité bienheureuse et de la mériter par une vie et une mort chrétiennes.

En dernière analyse, mes Frères, vous l'avez tous compris, il faut écouter et méditer comme un avertissement divin la parole que le prêtre chantait tout-à-l'heure et qui descend chaque jour de nos autels : *Sursum corda*, vers Dieu et vers le Ciel nos plus ardentes aspirations !...

BEAUVAIS. — IMPRIMERIE DE D. PÈRE, RUE SAINT-JEAN.